Wolfgang Philipp

Bankguthaben?

Rette sich wer kann vor dieser „Bankenrettung“

Ein unverantwortliches Gesetz

Impressum:

Wolfgang Philipp

Bankguthaben?
Rette sich wer kann vor dieser „Bankenrettung“
Ein unverantwortliches Gesetz

Neuauflage 2019

www.gerhard-hess-verlag.de

Printed in Europe

ISBN: 978-3-87336-648-0

Wolfgang Philipp

Bankguthaben?

Rette sich wer kann vor dieser „Bankenrettung“

Ein unverantwortliches Gesetz

Inhalt

1. Ein gespenstisches Szenario 9
2. Mit der „Haftungskaskade“ in die Hölle 13
3. Kein Rechtsschutz 19
4. Der „europäische Hintergrund“..................22
5. Bankenpleiten in Deutschland..................28
6. Triumph der Willkür..................32
7. Sozialisierung statt Privatbanken? 35
8. Zerstörtes Vertrauensverhältnis..................44
9. Wer ist betroffen? 48
10. Banker müsste man sein 56
11. Wo bleibt die Aufklärung der Kunden?..................58
12. Haftungsbeschränkungen für Beamte 60
13. Entmachtung der Börse..................61
14. Abwicklung und Insolvenz 63
15. Wie kann man sich retten? 64
16. Zusammenfassung..................68
17. Appell an den Gesetzgeber..................70

1

Ein gespenstisches Szenario

In den Jahren 2008/2009 drohte die Commerzbank AG, damals zweitgrößte deutsche Privatbank, insolvent zu werden. Sie hatte sich durch die Übernahme der Dresdner Bank verhoben. Um die Insolvenz zu verhindern, intervenierte der Staat und stellte der Bank 18,2 Mrd. € aus Steuermitteln zur Verfügung: Das geschah teils durch den Bezug von Commerzbank-Aktien, teils durch eine stille Beteiligung, die inzwischen zum Teil sogar schon zurückbezahlt werden konnte. Die Bank wurde gerettet, die Steuerzahler haben wenig gemerkt, kein Kunde der Bank verlor sein Geld, die Handlungsweise des Staates war richtig. Frau Merkels Satz: „Bankkonten sind sicher" stimmte noch. Auch in den dreißiger Jahren des vergangenen Jahrhunderts sind deutsche Großbanken in der Bankenkrise auf diese Weise gerettet worden.

Ganz anders wäre die Sache aber verlaufen, wenn es damals schon ein Gesetz gegeben hätte, das Bundestag und Bundesrat noch kurz vor

Ende 2014 verabschiedet haben und das am 01.01.2015 in Kraft getreten ist. Es heißt: „Sanierungs- und Abwicklungsgesetz (SAG)" und ist ein kaum lesbares Ungetüm mit 176 Paragraphen, die sich zum Teil über mehrere Seiten erstrecken.

Hätte dieses Gesetz schon im Jahre 2008 gegolten, hätte der Staat kein Geld zur Rettung der Commerzbank aufgewendet. Stattdessen hätte eine neue Behörde mit Namen **„Bundesanstalt für Finanzmarktstabilisierung"** durch Verwaltungsakt unter Umgehung aller Gremien der Bank (Vorstand, Aufsichtsrat, Hauptversammlung) folgendes anordnen können und wohl auch angeordnet:

Zunächst hätte die Anstalt zu einem von ihr ausgewählten, von außen unvorhersehbaren Stichtag die Commerzbank-Aktien (auch der Kleinaktionäre) auf Null herabgeschrieben. Die Aktionäre hätten auf diese Weise ihr Vermögen wie in einer Insolvenz der Commerzbank verloren, obwohl eine solche gar nicht vorlag und auch nicht sicher war, ob sie wirklich eingetreten wäre.

Da der Bank durch die Abwertung der Aktien kein Geld zugeflossen wäre, hätte die neue Behörde des weiteren zufällig am Stichtag vorhandene Kontoguthaben (Kontokorrentguthaben, Festgelder, Sparkonten) der meisten Kunden (es sind zahlreiche Ausnahmen vorgesehen) ganz oder teilweise einfach annulliert oder in Aktien der Bank umgewandelt. Ein den Sofortvollzug aussetzendes Rechtsmittel gibt es nicht. Das bedeutet: Die betroffenen Kunden der Commerzbank hätten an einem Tag 18,2 Mrd. € verloren, die sie als Guthaben bei der Commerzbank stehen hatten. Da u. a. Guthaben bis zu 100.000,00 € teilweise ausgenommen bleiben, hätte der Verlust in erster Linie Geschäftskunden der Commerzbank betroffen, die ihre Umsatzerlöse oder (bei Versicherungen) ihre Beitragseinnahmen über Commerzbank-Konten laufen ließen und dort Gutschriften erzeugten. Diese Art von „Bankenrettung" hätte zu hunderten, vielleicht auch zu tausenden von Insolvenzen geführt, weil betroffene Geschäftskunden durch Verlust ihrer Liquidität zahlungsunfähig und eventuell auch überschuldet geworden wären: Die Wirtschaftsunternehmen wären zerstört gewesen, Arbeitsplätze in großer Zahl entfallen. Das Ergebnis: Bank vorerst gerettet, Kunden pleite. Der endgültige Verlust dieser Kunden hätte die „gerettete" Bank zudem erneut geschwächt.

Dieser Irrsinn ist das Konzept des auf Anweisungen von Brüssel zurückgehenden Gesetzes „SAG". Ein fundamentaler Angriff auf die deutsche Rechts- und Wirtschaftsordnung, der in Fällen seiner Umsetzung katastrophale Folgen haben muss und auch gefährliche noch zu beschreibende Vorwirkungen haben wird.

Dieses Gesetz hat der Bundestag am 06.11.2014 ohne detaillierte Aussprache im Plenum durch gewinkt, es steht im Bundesgesetzblatt vom 18.12.2014, Teil I, S. 2091. Die Öffentlich keit hat es nicht wahrgenommen, auch die Presse hat sich wenig damit beschäftigt. Die Bankkunden wissen nicht, was ihnen blühen kann.

Dieses Buch soll das neue Gesetz, seine Zusammenhänge und Folgen ohne Anspruch auf Vollständigkeit in etwa beschreiben und zum Nachdenken darüber anregen, wie sich die Bankkunden vor dem Risiko, für die eigene Hausbank zu haften und ihr Vermögen zu verlieren, befreien können.

2

Mit der „Haftungskaskade“ in die Hölle

Bekanntlich sind in Europa viele Banken vor allem wegen ihrer faulen Forderungen gegen Kunden in Schwierigkeiten oder gar von Insolvenz bedroht. Auch in Deutschland galt dies für eine Reihe von Banken, vor allem die Landesbanken, die damalige Hypo Real Estate AG und die Industriekreditbank. Das geht so weit, dass die EU-Größen befürchten, ganze Staaten könnten insolvent werden, wenn sie solche Banken mit Steuergeldern auffangen und verstaatlichen. Griechenland ist ein besonderes Beispiel dafür. Auch scheuen sich die Politiker davor, Steuerzahler mit solchen Risiken zu belasten, denn diese bilden die Masse der Wähler. Man suchte also nach Wegen, buchstäblich „Dumme“ zu finden, die zur Rettung von Insolvenz bedrohter Banken herangezogen werden können. Vor diesem Hintergrund stand die – wie zu zeigen sein wird – „glorreiche Idee“ einer sogenannten **„Haftungskaskade“**, für die sich vor allem Bundesfinanzminister Schäuble begeistert. Sie sieht folgendermaßen aus:

Die Steuerzahler werden überhaupt nicht herangezogen, weil eine Verstaatlichung oder Teilverstaatlichung in Not geratener Banken nicht vorgesehen ist. Stattdessen haften in erster Linie im Rahmen einer in dem SAG so genannten „Haftungskaskade“ die Inhaber von Gesellschaftsanteilen, Aktien oder sonstigen vertraglich die Mithaftung begründenden Ergänzungskapitalien. Diese können von der neuen Bundesanstalt auf Null herabgeschrieben werden. Was diese Vorschriften bewirken sollen ist unklar, denn das Geld der Betroffenen steckt ohnehin schon als haftendes Eigenkapital im Vermögen der Gesellschaft und ist bei deren schlechter Finanzlage weitgehend verloren, zusätzliches Geld kann durch „Herabschreibung“ nicht fließen. Aus diesem Grunde haften in zweiter Linie die Inhaber sogenannter **„berücksichtigungsfähiger Verbindlichkeiten“**. Diesen Begriff muss man sich merken, denn er ist Ansatzpunkt dafür, dass die Kunden der Bank mit ihren Guthaben zur Sanierung oder Rettung ihrer Hausbank herangezogen werden. Die „berücksichtigungsfähigen Verbindlichkeiten“ sind in § 91 des Gesetzes im einzelnen definiert, es gibt eine Reihe von Ausnahmen, zu denen u. a. bestimmte Einlagen unter 100.000,00 € gehören sollen. Ausgenommen sind auch besicherte Verbindlichkeiten, Wertpapiere, die für den Kunden im Bankdepot verwahrt werden (weil sie gar nicht zum Vermögen der Bank gehören), Verbindlichkeiten gegenüber Beschäftigten, Gläubiger aufgrund von Lieferungen und Leistungen, Versorgungsdienstleistungen etc. ... Vor allem aber sind andere Banken jedenfalls teilweise privilegiert. Sie sind mit Forderungen ausgenommen, die eine Ursprungslaufzeit von weniger als sieben Tagen haben. Außerdem hat die Anstalt einen Ermessensspielraum, im Einzelfall bestimmte Gläubiger zu verschonen, ohne dass dies vorausehbar ist. Insofern fehlt jede Rechtssicherheit, der Willkür sind Tür und Tor geöffnet. Betroffen sein werden mithin in erster Linie vermögendere Kunden, deren Kontoguthaben über 100.000,00 € liegen und vor allem die Geschäftskunden der Bank. Sie leiten ihre Umsätze über Konten bei dieser Bank und erzielen dadurch zeitweise unter Umständen sehr hohe Guthaben, die aber über Vermögenslage und Leistungsfähigkeit der Kunden nichts aussagen. Sie werden benötigt, um den Geschäftsbetrieb durch die Bezahlung von Lieferanten und die Auszahlung von Löhnen etc. fortzusetzen. Sie sind als Inhaber „berücksichtigungsfähiger Verbindlichkeiten“ in einer besonderen Gefahrenzone: Nur den Letzten „beißen die Hunde“. Die Bank wird von der Anstalt zu **Vertragsbrüchen** gegenüber ihren Kunden gezwungen. Das Ganze ist ein „kastriertes“ Insolvenzverfahren, das tragende Grundsätze des bewährten deutschen Konkurs- bzw. Insolvenzrechts für Banken außer Kraft setzt. „Insolvenzverwalter“ mit umfassenden Befugnissen ist der Staat.

Hintergrund dieser „Haftungskaskade“ ist der Gedanke, den Staat vor Haushaltsrisiken zu schützen, die durch eine Bankinsolvenz entstehen könnten, wenn eine Regierung die Bank durch Verstaatlichung rettet. Die Aufgabe der „Bundesanstalt für Finanzmarktstabilisierung“ hat nur den Zweck, **Staatsinteressen** zu wahren, um Interessen der betroffenen Bank und deren Kunden geht es nicht.

Mit den Interessen dieser Kunden beschäftigt sich denn auch das Gesetz nicht. Wer konkret die Gläubiger „berücksichtigungsfähiger Verbindlichkeiten“ der Bank sind oder sein könnten und welche Folgen sich für sie und die Allgemeinheit daraus ergeben, wird in dem Gesetzentwurf nebst Begründung nicht einmal angesprochen. In ihrem Gesetzentwurf vom 22.09.2014, Bundestagsdrucksache 18/2575, versichert die Bundesregierung den Abgeordneten des Deutschen Bundestages sogar ausdrücklich, „den Bürgerinnen und Bürgern entsteht durch dieses Gesetz kein Erfüllungsaufwand". Anscheinend sind die tausende oder zehntausende von Kunden, die als Gläubiger „berücksichtigungsfähiger Verbindlichkeiten" ihre Guthaben verlieren und dadurch in katastrophale persönliche oder geschäftliche Situationen geraten, keine „Bürger" dieses Landes. Sie werden, weil sie größere Guthaben unterhalten, vermutlich als „Kapitalisten" angesehen, denen der Bürgerstatus nicht zusteht. Größer könnte die Verachtung der Bundesregierung gegenüber ihren eigenen Bürgern und Unternehmern nicht sein. In der Begründung der Drucksache heißt es des weiteren wahrheitswidrig, es handele sich „nicht um eine Enteignung".

Die Erfindung dieser „Haftungskaskade" ist eine unglaubliche **juristische und wirtschaftspolitische Fehlleistung**: In der Regierungsbegründung findet sich kein Wort darüber, welche Wirkungen es für die deutsche Wirtschaft hätte, wenn zahlreiche Wirtschaftsunternehmen ihre Bankguthaben von heute auf morgen verlieren. Massen hafte Insolvenzen wären möglich, zahlreiche Arbeitsplätze könnten verloren gehen. Darüber haben die Verfasser des Gesetzentwurfes anscheinend nicht einmal nachgedacht. Auch haben sie kaum darüber nachgedacht, dass die Kunden versuchen könnten, mit „systemrelevanten Banken", die von dem Gesetz betroffen sind, möglichst nicht mehr zusammenzuarbeiten sondern andere Wege zu suchen. Darüber wird in diesem Buch nachzudenken sein. Der Gesetzentwurf zeigt, dass wirtschaftsrechtliches oder wirtschaftspolitisches Denken den Verfassern in den Ministerien offenbar inzwischen fremd ist; sie denken ausschließlich in ihren eigenen Haushaltskategorien, mag die Welt auch im übrigen zugrunde gehen.

3

Kein Rechtsschutz

Die sogenannte „Abwicklungsanordnung“, mit welcher u. a. die Guthaben der Inhaber „berücksichtigungsfähiger Forderungen“ ganz oder teilweise gestrichen bzw. in Aktien umgewandelt werden können, ergeht durch Verwaltungsakt als sogenannte „Allgemeinverfügung“ und wird öffentlich bekannt gegeben. „Einer gesonderten Bekanntgabe an die Beteiligten bedarf es genauso wenig wie einer gesonderten Zuleitung an den zuständigen Betriebsrat“ (§ 137 SAG). Wir haben also hier den im gesamten deutschen Verwaltungs recht einmaligen Fall, dass durch staatlichen Verwaltungsakt Vermögen von Bürgern beschlagnahmt werden kann, ohne dass

- diese vorher angehört werden
- ihre Leistungsfähigkeit geprüft wird
- dieser Verwaltungsakt den Betroffenen persönlich zugestellt wird
- dieser Verwaltungsakt eine Rechtsmittelbelehrung enthält

- ein Widerspruchsverfahren möglich ist.

Den Verwaltungsakt als Allgemeinverfügung zu gestalten ist ein infamer Trick, der die Rechtsmittelmöglichkeiten beschneiden soll. In Wirklichkeit liegt für jeden Betroffenen, der ganz konkret sein Geld verliert, ein persönlicher Verwaltungsakt vor, gegen den er sich wehren können müsste. Das darf nicht dadurch verhindert werden, dass die Betroffenen nur durch einen Kontoauszug ihrer Hausbank, der von heute auf morgen auf „Null" gestellt wird, über die Verfügung unterrichtet werden. Denn die Bank führt nur aus, was eine Behörde angeordnet hat.

In Betracht kommt allenfalls, den Vorgang unmittelbar mit einer Verfassungsbeschwerde anzugreifen, denn die Inhaber der auf Null gestellten Guthaben sind, wie es das Bundesverfassungsgericht in ständiger Rechtsprechung verlangt, „selbst, gegenwärtig und unmittelbar" durch den Eingriff der öffentlichen Gewalt verletzt. Nötig wäre eine sofortige einstweilige Anordnung des Bundesverfassungsgerichts, denn schon eine längere Sperrung der Konten hätte schwerwiegende Folgen, weil die Betroffenen ihren Zahlungsverpflichtungen selbst nicht mehr nachkommen könnten.

Der im SAG vorgesehene „Rechtsschutz" besteht ausschließlich darin, dass vor dem zuständigen Oberverwaltungsgericht eine Anfechtungsklage zulässig ist, die aber nicht zur Aufhebung der Abwicklungsmaßnahme führen kann. Die Beseitigung der Vollzugsfolgen kann grundsätzlich nicht verlangt werden. Den Betroffenen steht allenfalls ein höchst fragwürdiger und schwer zu errechnender Anspruch „auf Ausgleich der durch die Abwicklungsmaßnahme entstandenen Nachteile" zu. Ein „Anspruch", der niemand mehr hilft, dem seine lebensnotwendige Liquidität vor allem als Unternehmen entzogen worden ist. Die Abwicklungsbehörde hat Rechte, wie sie sonst nur ein Vollstreckungsgericht hat, das aufgrund gerichtlicher Beschlüsse und Überprüfungen handelt. Hier werden faktisch Elemente des früheren Rechtssystems der DDR im wiedervereinigten Deutschland durchgesetzt.

4

Der „europäische Hintergrund“

Ausweislich der Regierungsvorlage (federführend ist das Bundesministerium der Finanzen) dient das hier besprochene Gesetz einer „Umsetzung der Richtlinie 214/59/EU des Europäischen Parlaments und des Rates vom 15.05.2014 zur Festlegung eines Rahmens für die Sanierung und Abwicklung von Kreditinstituten und Wertpapierfirmen sowie zur Änderung weiterer früherer Richtlinien und Verordnungen der EU“. Aufgrund dieser europarechtlichen Vorgaben wird die jetzt in Deutschland schon zum 01.01.2015 umgesetzte Regel zur „Bankenrettung“ für alle Staaten, die den Euro eingeführt haben, vorgeschrieben. Dort würden also die gleichen Wirkungen eintreten. Entstanden ist das Ganze durch die Erfahrung, dass der griechische Staat wegen notwendiger Rettungsmaßnahmen für seine Banken insolvent zu werden drohte. Das wurde, wie bekannt, nur durch Zuwendungen anderer EU-Staaten und der EU an Griechenland in Höhe von weit über 200 Mrd. € bisher vermieden. Diese Zuwendungen dürften weitgehend verloren sein, den Schaden tragen die europäischen Steuerzahler. In diesem Zusammenhang verfiel man auf den beschriebenen Gedanken der „Haftungskaskade" mit dem Ziel, die Staaten künftig aus der Bankenrettung herauszunehmen und stattdessen bestimmte (bei weitem nicht alle) Gläubiger der Banken, also deren Kunden, heranzuziehen. Bei diesem Gedanken war die Überlegung zielführend, dass diese Gläubiger im Falle einer tatsächlichen Insolvenz ihr Geld ja ebenfalls verlieren würden. Sie sollen deshalb andererseits nach dem Gesetz auch nicht schlechter stehen als sie stünden, wenn es zu einer Insolvenz gekommen wäre. In dieser Überlegung stecken aber mehrere schwere Fehler:

1. Die Abwicklungsbehörde soll möglichst **„frühzeitig"** handeln, eben um eine den Staatshaushalt und damit die Steuerzahler belastende staatliche Bankenrettung durch Verstaatlichung zu vermeiden. Das führt zwangsläufig zu der Gefahr, dass die Behörde auch schon dann handelt und Bankguthaben enteignet, wenn es objektiv später nicht zu einer Insolvenz gekommen wäre. Auch räumt sogar die **Deutsche Bundesbank** in ihrem Finanzstabilitätsbericht 2014 ein, dass

Spielräume der Abwicklungsbehörde auch ein potentielles Einfallstor für **politische Einflussnahme** darstellen.

2. Darüber hinaus soll die Abwicklungsbehörde prüfen, ob und in welchem Umfang Gläubiger durch die Abwicklungsmaßnahmen im Vergleich zu der Situation benachteiligt worden sind, die sich bei Durchführung eines Insolvenzverfahrens über das Vermögen des Bankinstituts eingestellt hätte. Nur wenn sich ergibt, dass die Gläubiger infolge der Abwicklungsmaßnahme stärker belastet werden als dies im Falle eines Insolvenzverfahrens der Fall gewesen wäre, soll ihnen ein Ausgleichsanspruch zustehen. Dieser richtet sich aber weder gegen die Bank noch gegen den Staat sondern den „Restrukturierungsfonds" nach dem sogenannten Restrukturierungsfondsgesetz vom 09.12.2010. Dieser „Restrukturierungsfonds" soll der Stabilisierung des Finanzmarkts dienen und wird durch Beiträge der Kreditinstitute finanziert. Es ist aber gar nicht sicher, ob er im entscheidenden Zeitpunkt die nötigen Mittel hat, um etwaige Entschädigungsansprüche aus der „Bankenrettung" zu befriedigen. Die Regulierung solcher Entschädigungsansprüche

kann Jahre dauern und hilft den Betroffenen, die von heute auf morgen ihre Bankguthaben verlieren, nicht.

3. Dass die Gläubiger „berücksichtigungsfähiger Verbindlichkeiten“ der Bank gegenüber einem Insolvenzverfahren stark benachteiligt werden ergibt sich schon daraus, dass ja zahlreiche Gläubiger, die im Insolvenzverfahren ebenfalls voll betroffen wären, hier begünstigt werden. Ein Teil der Bankkunden soll also auch noch für die Verschonung der anderen Bankkunden haften, was allen insolvenzrechtlichen Grundsätzen widerspricht. Normale Bankguthaben werden auf diese Weise plötzlich zum Gegenstand sozialer Umverteilung. Dieser Effekt ist auch unter dem Gesichtspunkt der Bankenrettung abwegig.

4. Ebenfalls am 06.11.2014 hat der Bundestag gegen die Stimmen von Eurorettungskritikern wie Wolfgang Bosbach und Klaus-Peter Willsch per Gesetz den „Europäischen Stabilitätsmechanismus“ (ESM) ermächtigt, einen neuen „Fonds“ zu gründen. Dieser soll durch sogenannte „Direkt-Rekapitalisierung“ jeweils konkursreife Banken in den Euro-Staaten retten. Die „Rettung“ maroder Banken ist also nicht nur eine nationale,

sondern vor allem eine europäische Angelegenheit. Schon jetzt sind 60 Mrd. € vorgesehen, um diesen Fonds zu füttern. Die Risiken tragen die europäischen Steuerzahler, deren Geld mit derzeit 700 Mrd. € im Kapital des ESM steckt, die Beteiligung Deutschlands beträgt 27 %. Auch hier gilt die „Haftungskaskade". In erster Linie sollen die Eigentümer und die Gläubiger der Banken herangezogen werden. Es wird erwartet, dass Eigentümer und Gläubiger der Banken mindestens 8 % der Bilanzsumme als Sanierungsbeitrag aufbringen (sogenannter Bail-in). Das ist bei Banken ein sehr hoher Betrag. Nur wenn er nicht aufgebracht wird, soll der neue Bankenrettungsfonds der EU eingreifen und durch Erwerb von Aktien der betroffenen Bank diese sanieren.

Der europäische Bankenrettungsfonds und die neue deutsche „Bundesanstalt für Finanzmarktstabilisierung" sollten eng zusammenarbeiten. Beide wurden auch von Deutschen geleitet: Die im Aufbau befindliche europäische Bankenabwicklungsbehörde durch Frau Elke König, derzeit noch Präsidentin der BaFin, die neue Finanzmarktstabilisierungsanstalt durch den früheren

Chef der Dresdner Bank, Herbert Walter. Dass dieser ein solches Amt annimmt lässt den Schluss zu, dass er das SAG mit seiner „Haftungskaskade“ billigt, obwohl er aus der Privatwirtschaft kommt. Darauf wird zurückzukommen sein. Beide Behörden werden voraussichtlich zahlreiche Mitarbeitern beschäftigen, um die vielen Banken in Europa dauernd kontrollieren und beeinflussen zu können. Wie man sich diese Zusammenarbeit vorstellen muss ist schwierig: Die deutsche Stabilisierungsanstalt wird weiterhin direkt vom Bundesfinanzministerium beaufsichtigt, Interessenkonflikte zwischen den beiden Anstalten, die weitgehend die gleiche Zielsetzung haben, sind vorprogrammiert. Inzwischen wurde festgelegt, dass der Europäische Bankenrettungsfonds die 120 größten Banken in Europa kontrollieren soll. Für die kleineren Banken sind die einzelnen Staaten zuständig. Das Ganze ist absolutes Neuland und schon deshalb für alle Beteiligten riskant. Einigkeit besteht aber darin, in erster Linie Gläubiger der Banken für deren Rettung heranzuziehen. Die Folgen wurden nicht diskutiert, jedenfalls nicht öffentlich.

5

Bankenpleiten in Deutschland

Während bis Ende des letzten Jahrhunderts die Banken in Deutschland allgemein als sicher galten und niemand ein Risiko darin sah, mit ihnen zu arbeiten, hat sich dies dramatisch geändert: Wie schon eingangs dargestellt, drohte in den Jahren 2008/2009 die Commerzbank AG insolvent zu werden. Das hing damit zusammen, dass sie die Dresdner Bank übernommen hatte, die ihrerseits wegen Verlusten von über 6 Mrd. € vor der Insolvenz stand. Dramatisch war auch die bedrohliche Schieflage der IKB Deutsche Industriebank AG, die 2008 mit über 10 Mrd. € vom Staat über die Kreditanstalt für Wiederaufbau gerettet werden musste. Auch eine Reihe von Landesbanken geriet in Schwierigkeiten und musste von ihren Ländern gerettet werden. Den Höhepunkt dieser dramatischen Entwicklung bot der Fall der Hypo Real Estate (HRE), die ebenfalls vor dem Zusammenbruch stand und die der Bund mit ca. 92 Mrd. € stützen musste. Insgesamt waren die von dieser Bank benötigten Hilfen von verschiedener Seite noch höher. Zumindest im Fall der Dresdner Bank, der Commerzbank und der HRE hat es sich um „systemrelevante Banken" gehandelt, die – hätte das SAG damals schon gegolten – zu Lasten ihrer Kunden und nicht zu Lasten des Staates „gerettet" worden wären – sofern dies überhaupt möglich war. Auch die Industriekreditbank hat ein so verbreitetes Industriegeschäft betrieben, dass man sie möglicherweise ebenfalls als „systemrelevant" eingestuft hätte.

Die genannten Beinahe-Pleiten deutscher Banken ereigneten sich so gut wie gleichzeitig. Hätte der Staat nicht eingegriffen und das SAG schon gegolten, wären anstelle des Staates die Bankkunden belastet worden. Angesichts der riesigen hier in Rede stehenden Milliardenbeträge wäre buchstäblich ein großer Teil der deutschen Wirtschaft zahlungsunfähig geworden. Das Prinzip der „Haftungskaskade" hätte sich vor aller Augen als absolut untauglich erwiesen.

Diese Übersicht zeigt, dass wir nicht „erhaben" auf die Situation in anderen, insbesondere südlichen Ländern Europas, blicken dürfen. Auch im eigenen Land ist das Risiko von Bankinsolvenzen im Gegensatz zu früheren Zeiten durchaus greifbar geworden. Man weiß nie, wie Beamte die Situation in den allein auf das Staatsinteresse gerichteten „Rettungsanstalten“ sehen und welche Maßnahmen sie „frühzeitig“ ergreifen. Die in diesem Buch beschriebenen Risiken für Bankkunden sind also alles andere als theoretisch. Auch weiß man nicht, welche Verwerfungen sich daraus ergeben, wenn der Euro immer schwächer wird und die Europäische Zentralbank eine Geldpolitik betreibt, die allen herkömmlichen Regeln widerspricht und deren Wirkungen nicht voraussehbar sind. Dazu gehört insbesondere der Aufkauf von Staatsanleihen. Ein Risiko liegt auch darin, dass nach einer Mitteilung der FAZ vom 06.01.2015 deutsche Banken allein in Griechenland in Höhe von 8,2 Mrd. € mit von ihnen gegebenen Krediten engagiert sind. Mit Recht schreibt die FAZ, die das Thema allerdings nur am Rande behandelt hat am 08.01.2015, der normale Sparer müsse sich darüber im Klaren sein, dass seine Einlagen ein Kredit an die Bank sind. „Blindes Vertrauen“ könne dann teuer zu stehen kommen.

Mit dem viel größeren Risiko der mit der Bank zusammenarbeitenden **Wirtschaftsunternehmen** hat sich – soweit ersichtlich – die Presse bisher nicht beschäftigt. Es bedarf aber keiner großen Phantasie sich vorzustellen, in welchem Zustand sich die deutsche Wirtschaft befände, wenn die in den oben genannten Fällen geflossenen „Rettungsgelder" nicht vom Staat, sondern durch die Annullierung von Guthaben der jeweiligen Bankkunden zusammengebracht worden wären. Große Teile der deutschen Wirtschaft wären mit unvorstellbaren Folgen außer Gefecht gesetzt worden!

6

Triumph der Willkür

Die in dem SAG und den europäischen Vorschriften vorgesehene Inanspruchnahme der für Bankkunden geführten Guthaben zur Rettung ihrer eigenen Hausbank widerspricht allen bisher geltenden Regeln nicht nur der Fairness, sondern auch des Rechtsstaates. Denn die Inanspruchnahme richtet sich nicht nach der Leistungsfähigkeit des Bankkunden, sondern nach dem zufälligen Stand seines Kontos an einem willkürlich von der Behörde überfallartig bekannt gegebenen Stichtag. Ein Bankguthaben sagt aber überhaupt nichts über die wirtschaftliche Leistungsfähigkeit des Kontoinhabers aus. Auch Unternehmen, die hohe Verluste machen, können von Zeit zu Zeit je nach Eingang ihrer Umsatzerlöse Habensalden auf ihren Konten vorfinden. Während sonst Abgaben wie Steuern und Sozialversicherungsbeiträge nach klaren Regeln und vor allem nach der Leistungsfähigkeit erhoben werden, gilt hier das **Zufallsprinzip**.

Durch das Herabschreiben der Kontoguthaben wird zwar nicht unmittelbar der Staat, sondern die betreffende Bank bereichert, die von ihren Verbindlichkeiten befreit wird. In Wirklichkeit handelt es sich aber um eine Inanspruchnahme im Interesse des Staates, der – wie gezeigt – riesige Behörden aufbaut, um durch die von ihm selbst angeordnete Inanspruchnahme von Bankguthaben vor Risiken geschützt zu sein. Dass ein solches Verfahren mit dem Grundgesetz, insbesondere den Vorschriften über Gleichheit und Enteignung, vereinbar sein könnte, ist nicht einmal vorstellbar. Der Gleichheitssatz in Art. 3 des Grundgesetzes wird vom Bundesverfassungsgericht in ständiger Rechtsprechung als **Willkürverbot** verstanden. Eine größere Willkür als hier die überraschende Inanspruchnahme rein zufälliger Guthaben auf Bankkonten zu einem bestimmten Stichtag ist kaum denkbar.

Willkür liegt auch in folgendem: Bei einer normalen Insolvenz verlieren **alle Gläubiger** ihre Ansprüche. Die Insolvenzordnung hat früher bestehende Rangordnungen unter den Gläubigern beseitigt. Auch Kleingläubiger, wie Sparer oder Inhaber von Sparbriefen würden in der Insolvenz ihr Geld verlieren. Dadurch, dass im SAG aber große Gruppen von Gläubigern aus der „Bankenrettung“ herausgenommen werden, wird deren Risiko den übrigen Gläubigern, insbesondere also wiederum den Wirtschaftsunternehmen, **zusätzlich** auferlegt. Die Inanspruchnahme nur ihrer „berücksichtigungsfähigen“ Forderungen führt von vornherein zu einer höheren Verlustquote, als dies im Falle einer Insolvenz gewesen wäre, denn in der Insolvenz hätte sich der Schaden auf alle Gläubiger gleichmäßig verteilt. Wie kommen diese belasteten Gläubiger aber dazu, auch noch die Risiken von Mitgläubigern zu übernehmen?

Auch das **Grundrecht auf Eigentum** wird verletzt. Nach Art. 14 GG ist eine Enteignung nur zum Wohle der Allgemeinheit zulässig, aber nicht zum Wohle von Banken, um diese auch noch unter grober Verletzung des Gleichheitssatzes vor Insolvenz zu retten.

Ein weiterer offensichtlicher Rechtsstaatsverstoß liegt darin, dass, wie im Kapitel 3 dargestellt, den Betroffenen gegen ihre auf einen Verwaltungsakt zurückgehende Enteignung kein Rechtsmittel zusteht. Nach Art. 19 Abs. 4 des Grundgesetzes muss der Rechtsweg jedem offenstehen, der durch die öffentliche Gewalt in seinen Rechten verletzt wird. Für die Zulässigkeit genügt, dass er diese Verletzung behauptet.

7

Sozialisierung statt Privatbanken?

Das neue SAG betrifft in erster Linie Banken, die in der Rechtsform einer Aktiengesellschaft oder einer GmbH geführt werden. Diese sind rein privatwirtschaftlich strukturiert. Sie werden von einem Vorstand bzw. einer Geschäftsführung geleitet, weitere Gesellschaftsorgane sind bei Aktiengesellschaften immer, bei Gesellschaften mit beschränkter Haftung oft Aufsichtsräte oder Beiräte. Hauptorgane dieser Gesellschaften sind bei Aktiengesellschaften die Hauptversammlung, bei Gesellschaften mit beschränkter Haftung die Gesellschafterversammlung.

Diese unserem freiheitlichen Rechtssystem entsprechende privatrechtliche Gestaltung wird durch das SAG aufs Schwerste beeinträchtigt. Die privatrechtliche Autonomie der Gesellschaftsorgane wird weitgehend beseitigt. Die Abwicklungsanstalt regiert über die Köpfe der Gesellschaftsorgane hinweg autoritär.

1. Das fängt schon damit an, dass die betroffenen Institute künftig einen laufend zu aktualisierenden hochkomplizierten **„Sanierungsplan“** für den Fall ihrer eigenen Sanierungsbedürftigkeit aufzustellen haben, auch wenn ein solches Risiko überhaupt nicht in Sicht ist. Unter der Überschrift „Aufsichtsrechtliche Vorschriften und Anforderungen zur Vorbereitung der Sanierung und zur Frühintervention“ wird die Aufsichtsbehörde verpflichtet von der Bank zu verlangen, innerhalb von sechs Monaten einen Sanierungsplan vorzulegen.

   Dieser ist laufend zu aktualisieren. In zum Teil seitenlangen Paragraphen wird eine Unzahl von Gesichtspunkten aufgeführt, die bei dieser „Sanierungsplanung“ zu berücksichtigen sind. Ausdrücklich wird jedem Geschäftsleiter unabhängig von der internen Zuständigkeitsregelung die volle Verantwortung für die Erstellung, die Implementierung und die Aktualisierung des Sanierungsplanes sowie für dessen Umsetzung im Krisenfall auferlegt. Das ist so, wie wenn man etwa jedem Menschen aufgeben wollte, von Jugend an höchst vorsorglich seine eigene Beerdigung vollständig und einwandfrei zu organisieren.

Es ist absehbar, dass schon die Erarbeitung dieser Sanierungspläne und die laufende Abstimmung mit hunderten von Beamten eine unendlich schwierige, langwierige und für die Banken teuere zusätzliche Belastung darstellen wird. Davon wird insgesamt ihr Bankgeschäft wesentlich erschwert, die Leistungen gegenüber den Kunden werden verteuert. In die Beaufsichtigung dieser Sanierungsplanung sind sowohl die BaFin als „Aufsichtsbehörde“ nach dem Kreditwesengesetz als auch die neue Bundesanstalt für Finanzmarktstabilisierung eingebunden und müssen sich unter einander abstimmen. Etwas zynisch könnte man sagen: Die Aufgabe des Bankvorstandes besteht künftig in erster Linie darin, nicht etwa eine Pleite des Unternehmens zu verhindern, sondern genau festzulegen, was zu geschehen hat, wenn es zu einer Pleite kommen kann. Diese „Sanierungsplanung“ dient dazu, die zuständigen Behörden in die Lage zu versetzen, **„frühzeitig“** einzugreifen, d. h. Abwicklungsmaßnahmen einschließlich des Zugriffs auf die Guthabenkonten der Gläubiger zu ermöglichen. Gerade in dieser **„Frühzeitigkeit“ liegt das Risiko**, denn die Beamten werden stets auf Sicherheit gehen (schon um selbst nicht in Schwierigkeiten zu kommen). Es ist also sehr gut möglich, dass diese Eingriffe erfolgen, auch wenn es in Wirklichkeit im Ernstfall zu einer Insolvenz überhaupt nicht gekommen wäre.

„Spurt" die Geschäftsleitung der Bank nicht gegenüber den Anweisungen der Behörde, kann die Aufsichtsbehörde die Abberufung einzelner oder aller Geschäftsleiter anordnen, sie kann auch einen „vorläufigen Verwalter" einsetzen.

2. Eine „Sanierungsplanung" genügt aber nicht. Unter einer weiteren kaum verstänlichen Überschrift: „Abwicklungsrechtliche Vorschriften und Anforderungen zur Vorbereitung der Restrukturierung und Abwicklung" erstellt die Abwicklungsbehörde für jedes Institut, das in Betracht kommt, einen **„Abwicklungsplan"**. Auch dieser ist aufzustellen ganz unabhängig davon, ob eine Abwicklung überhaupt in Betracht kommt, weil es der Bank gut geht. Dieser Abwicklungsplan ist von dem Sanierungsplan zu unterscheiden und muss ebenfalls nach seitenlangen Vorschriften unter den dort wiedergegebenen Gesichtspunkten erstellt

werden. Er ist mindestens einmal im Kalenderjahr zu prüfen und gegebenenfalls zu aktualisieren. Die Abwicklungsbehörde kann verlangen, dass das Institut die Abwicklungsbehörde bei der Erstellung und Aktualisierung des Abwicklungsplanes umfassend unterstützt, was wiederum einen enormen Verwaltungsaufwand auslösen wird. Insbesondere kann die Abwicklungsbehörde verlangen, dass das Institut ihr alle zur Erstellung und Umsetzung des Abwicklungsplanes erforderlichen Informationen und Analysen übermittelt. Sie kann den Instituten Anzeige- und Meldepflichten auferlegen und überhaupt generell geeignete Vorkehrungen treffen, um zu gewährleisten, „dass sie stets so aktuell und umfassend wie möglich über Vermögenswerte und Verbindlichkeiten des Instituts oder des gruppenangehörigen Unternehmens“ informiert ist.

Versucht man, sich die Umsetzung dieser Vorschriften in der Praxis vorzustellen, so bleibt von der Möglichkeit privatwirtschaftlicher Führung der Bank nicht mehr viel übrig. Es handelt sich in der Sache um einen Sozialisierungsakt: Eigentlicher Herr der „systemrelevanten Banken“ ist die „Bundesanstalt für Finanzmarktstabilisierung", auch wenn gar keine Notlage vorliegt: Das Staatsbanksystem der DDR lässt grüßen.

3. Kommt es zu einem **konkreten Abwicklungsverfahren**, so hat die Anstalt weitere umfassende Rechte, welche die privatwirtschaftliche Autonomie der betroffenen Bank ganz beenden. Nur die wichtigsten seien genannt:

   - Die Anstalt kann einen **Rechtsformwechsel** anordnen dergestalt, dass z.B. eine GmbH unter Umgehung der Gesellschaftsorgane und der Eigentümer zu einer sog. **„Aktiengesellschaft auf Anordnung"** wird.
   - Die Anstalt kann anordnen, dass die Bank ihr Vermögen veräußert oder dieses auf ein „Brückeninstitut" bzw. eine „Vermögensverwaltungsgesellschaft" übertragen wird.
   - Die Anstalt kann die vollständige Kontrolle übernehmen und die Bank mit allen Befugnissen der Anteilsinhaber und der Geschäftsleitung betreiben und damit die Tätigkeiten und Dienstleistungen des Instituts **selbst erbringen**. Sie kann dann

über Vermögenswerte und Eigentum der in Abwicklung befindlichen Bank verfügen. Dadurch wird die Bank vollends ein Staatsunternehmen, das nicht von durch die Eigentümer bestellten Bankern und auch nicht durch einen zivilen Insolvenzverwalter nach der Insolvenzordnung, sondern von **Beamten** geleitet wird.

- Die Anstalt kann das Kapital der Bank herabsetzen oder unter Ausschluss des Bezugsrechts der Altaktionäre erhöhen, ohne Gesellschaftsorgane einzuschalten.
- Die Anstalt kann im Abwicklungsfall verlangen, dass die Geschäftsleitung einen komplizierten „Restrukturierungsplan" aufstellt, der die weitere Fortführung der Unternehmenstätigkeit regeln soll.

Das alles rechtfertigt die Auffassung, dass dieses „Bankenrettungsgesetz" de facto eine stufenweise Sozialisierung vor allem systemrelevanter Banken bedeutet. Diese Sozialisierung besteht unter dem Gesichtspunkt der Bankleitung und -kontrolle bereits seit dem 01.01.2015 und erreicht den absoluten Höhepunkt in einem Abwicklungsfall. Konkret wird die Umsetzung dieser Sozialisierung erst sukzessive spürbar sein, da die betroffenen Behörden sich noch im Aufbau befinden und erst einmal Beamte gewinnen müssen, die den hier abzuwickelnden Aufgaben überhaupt gewachsen sind.

4. Ein **systemverändernder Eingriff** in die Gesellschaftsstruktur liegt weiterhin darin, dass die Abwicklungsbehörde anordnen kann, Banken müssten jederzeit in aus reichendem Umfang **genehmigtes Grundkapital** oder **genehmigtes Stammkapital** vorhalten oder eine bedingte **Kapitalerhöhung** durchführen, unabhängig davon, ob die Gesellschaftsorgane dies für notwendig oder richtig halten. Das soll geschehen, um die „praktische Durchführbarkeit der **Umwandlung von Verbindlichkeiten in Anteile**" durch die Ausgabe neuer Anteile zu gewährleisten. Wie unter vielen anderen Gesichtspunkten wird hier das geltende Gesellschaftsrecht (Aktienrecht, GmbH-Recht) außer Kraft gesetzt, selbst die Kapitalausstattung des Instituts wird nicht mehr von diesem, sondern von der Abwicklungsbehörde bestimmt.

Die hier vorgesehenen massiven Eingriffsmöglichkeiten einer staatlichen Behörde lassen erwarten, dass die betroffenen Banken im Ergebnis wesentliche Bankgeschäfte größeren Ausmaßes nicht mehr unabhängig durchführen können, sondern sich vorher mit der Behörde abstimmen müssen. Die Abhängigkeit von staatlichem Handeln wird weit über das Kreditwesengesetz hinaus ausgedehnt, der privatrechtliche Charakter geht verloren.

8

Zerstörtes Vertrauensverhältnis

1. Weitere massive Eingriffe in die Geschäftsleitung der Bank bestehen darin, dass jedes Institut auf Verlangen der Abwicklungsbehörde einen **Mindestbetrag „berücksichtigungsfähiger Verbindlichkeiten“** vorzuhalten hat. Die Abwicklungsbehörde legt den institutsspezifischen Mindestbetrag von berücksichtigungsfähigen Verbindlichkeiten dieser Art fest. Die Bank wird also gezwungen, Kunden nicht mehr in erster Linie deshalb zu suchen, um mit ihnen normale Bankgeschäfte zu betreiben und sie zu beraten, sondern um „berücksichtigungsfähige Kunden“ einzufangen, deren Guthaben für die Schulden der Bank haften. **Bankguthaben der Kunden als haftendes Ersatzkapital**, eine wahrlich „elegante“ Neuerung, die allerdings das bürgerliche Vertragsrecht Deutschlands über den Haufen wirft! Ob und wie die Bank unter diesen Umständen solche Kunden überhaupt noch finden

soll, wenn diese erst einmal begreifen, was hier gespielt wird, ist nicht erkennbar. Sie werden, wie schon dargestellt, als nur für das Staatsinteresse vorhandene dumme und willenlose Objekte eingeschätzt. In § 54 SAG ist sogar vorgesehen, dass die Abwicklungsbehörde „im Benehmen mit der Aufsichtsbehörde“ der europäischen Bankenaufsichtsbehörde den Mindestbetrag berücksichtigungsfähiger Verbindlichkeiten mitteilt.

2. Vertragliche Beziehungen zwischen Banken und ihren Kunden sind nur dann möglich, wenn beiderseits ein uneingeschränktes **Vertrauensverhältnis** herrscht. Die Bank muss dem Kunden, der Kunde der Bank vertrauen können. Wenn die Bank aufgrund gesetzlicher Vorschriften Kunden aber mit dem **Hintergedanken** anwirbt, Haftungskapital zu gewinnen, von dem der Kunde nicht einmal etwas weiß, kann von einem solchen Vertrauensverhältnis nicht mehr die Rede sein.

Die konkrete Beratung des Kunden kann dadurch wesentlich beeinflusst werden. Z. B. wird die Bank dem Kunden eher raten,

Geld bei ihr in Form von Kontoguthaben, insbesondere Festgeld oder Sparbriefen anzulegen (was zur Haftung des Kunden führen kann), statt Wertpapiere zu kaufen (was die Haftung ausschließt). Welche Motive die ihre Kunden beratenden Bankangestellten bei dieser Gesetzeslage in Wirklichkeit haben, kann kein Kunde durchschauen, daraus entsteht zwangsläufig Misstrauen, die Geschäftsbeziehung mit solchen Banken wird für Kunden **schlechthin unzumutbar**. Es ist sogar nicht auszuschließen, dass die Bundesanstalt der Bank Vorhaltungen machen wird, wenn sie den Kunden rät, ihr Geld statt in „berücksichtigungsfähigen Verbindlichkeiten" so anzulegen, dass sie nicht in Anspruch genommen werden können. Das gilt besonders dann, wenn die Bank den vorgeschriebenen Mindestbetrag „berücksichtigungsfähiger Verbindlichkeiten" nicht erreicht hat: Das Ganze führt auch für die Banken zu unvermeidbaren **Interessenkonflikten**, die dem Bankgeschäft schlechthin entgegenstehen.

3. Auch das **Bankgeheimnis**, das ohnehin schon stark eingeschränkt ist, wird weiter durchlöchert. Es ist nicht zu vermeiden, dass

die Beamten der Anstalt bei ihrer intensiven Zusammenarbeit mit und Überprüfung der Bank auch viele Informationen über die Verhältnisse von **Bankkunden** mitbekommen, vor allem solche, die haften sollen. Auch das ist unerträglich. So war es auch im Staatsbanksystem der DDR.

9

Wer ist betroffen?

Im Prinzip gilt das Gesetz für Banken jeder Größe. Eine gewisse Einschränkung liegt allerdings darin, dass als „Abwicklungsziel" die **Abwendung einer Systemgefährdung** angesprochen wird. Sie soll vorliegen

> *„wenn zu besorgen ist, dass sich die Bestandsgefährdung des Instituts oder der Gruppe in der konkreten Marktsituation in erheblicher Weise negativ auswirkt auf andere Unternehmen des Finanzsektors, auf die Finanzmärkte, auf das allgemeine Vertrauen der Anleger und andere Marktteilnehmer in die Funktionsfähigkeit des Finanzsystems oder auf die Realwirtschaft."*

Dabei ist zur Anwendung und Auslegung dieses komplizierten „Monstersatzes" eine Fülle von Einzelprüfungen in einer langen Liste konkret vorgeschrieben. Die Anbindung an „Systemgefährdung" lässt den Schluss zu, dass die vorgesehenen Abwicklungsmaßnahmen in erster Linie auf größere systemrelevante Kreditinstitute angewendet werden sollen. Die Abgrenzung ist aber ganz unscharf und lässt Überraschungen zu. Kommt es zu einer Abwicklungsanordnung, obwohl die Voraussetzungen gar nicht vorliegen, gibt es kein Rechtsmittel. Die Abwicklungsanstalt kann fast uneingeschränkt tun, was sie für richtig hält, ohne eine Nachprüfung fürchten zu müssen.

Geschäftsverbindungen mit größeren Banken sind insofern gefährlicher als solche mit kleineren Banken wie etwa Volksbanken und Sparkassen. Diese sind auch in der vergangenen Finanzkrise im Gegensatz zu Großbanken in aller Regel nicht negativ aufgefallen, weil sie bestimmte gefährliche Geschäfte nicht oder kaum gemacht haben.

Wie schon dargestellt, wird nur ein Teil der Inhaber von Bankguthaben von den Maßnahmen der Rettungsanstalt betroffen. Eine große Zahl von Kunden bleibt unbehelligt, obwohl sie im Insolvenzfall nach dem im Insolvenzrecht geltenden Prinzip der Gleichbehandlung ihr Geld nach Maßgabe der herauskommenden Quote ebenso verlieren würden wie alle anderen. Die wichtigsten bevorzugten Gruppen sind oben

2. Kapitel schon dargestellt worden. Vor allem fällt auf, dass bestimmte Banken verschont bleiben!

Die Dummen sind vor allem die Wirtschaftsunternehmen. Sie verlieren, wenn ihre Kontoguthaben „herabgeschrieben“ werden, ganz oder teilweise ihre Liquidität und ihr Vermögen. Viele werden aus diesem Grunde insolvent werden und ihrerseits eigene andere Vertragspartner, denen gegenüber sie ihre Verpflichtungen dann nicht mehr erfüllen können, ebenfalls in die Insolvenz treiben: **Eine Kette des Unheils.**

Unter den Wirtschaftsunternehmen sind besonders die **Lebensversicherungen** zu betrachten. Für sie ist die neue Regelung geradezu tödlich, weil sie schon durch die Handlungsweisen der EZB schwer betroffen sind. Durch deren Niedrigzinspolitik können sie schon seit langem nicht mehr die Erträge erwirtschaften, die sie für ihre Versicherten brauchen. Diese Situation wird durch die Politik der EZB, ab März 2015 bis zu 1,1 Billionen € neue Euro zu drucken, um damit im großen Stil Staatsanleihen zu kaufen, massiv verschärft. Die Geldmenge wird stark vermehrt, die Zinsen sinken noch weiter und sind schon jetzt vielfach negativ. Den Preis zahlen alle Sparer und vor allem die Inhaber der rund 90 Millionen Lebensversicherungen in Deutschland. Schon dadurch ist die Lage der Versicherungsunternehmen katastrophal genug.

Das neue SAG gefährdet die Lebensversicherungen zusätzlich: Die Lebensversicherungen haben, was inzwischen allgemein bekannt ist, buchstäblich einen **„Anlagenotstand“**, weil sie wegen der Zinssituation kaum mehr wissen, wie sie die ihnen von den Versicherten allmonatlich zufließenden Beiträge gut anlegen können. Solange dies nicht geschieht, wird das Geld zwangsläufig auf Bankkonten „geparkt“ sein. Diese Bankguthaben sind aber gerade „berücksichtigungsfähige Verbindlichkeiten“ im Sinne des SAG und damit ein besonders reichhaltiges „gefundenes Fressen“ für die Abwicklungsanstalt. Kommt es zu einem Abwicklungsverfahren, können die Bankguthaben von Lebensversicherungen bei der betreffenden Bank bis auf Null verloren gehen. Das kann nicht nur zur Insolvenz der Lebensversicherung führen, sondern hat auch zur Folge, dass deren Versicherte ebenfalls in die Bankenrettung als Betroffene hereingezogen werden: Der Versicherungsschutz geht verloren, um eine Bank zu „retten“. Die ohnehin schon wegen der niedrigen Zinsen im

Gang befindliche **Vernichtung der Altersversorgung** ganzer Generationen in Deutschland wird dadurch noch zusätzlich verschärft und mit Sicherheit eine **soziale Katastrophe** größten Ausmaßes auslösen.

Betroffen sind aber nicht nur Lebensversicherungen sondern auch alle anderen Versicherungen jeder Art, von der Kfz-Versicherung bis zur Sachversicherung und Rückversicherung.

Die Phantasie reicht nicht aus, sich vorzustellen, was hier alles passieren kann und welche Katastrophen sich im Einzelfall aus diesem neuen Gesetz ableiten lassen. Einige weitere wichtige Gruppen seien hier aber genannt. „Berücksichtigungsfähige Verbindlichkeiten", die auf Null herabgeschrieben oder in Aktien umgewandelt werden können, sind z. B.:

- Sogar Bankguthaben der **gesetzlichen Rentenversicherung** und der **gesetzlichen Krankenversicherung** sowie Guthaben der **Steuerbehörden**. Da diese im Insolvenzverfahren im Gegensatz zu früher nicht mehr privilegiert sind, soll dies auch hier nicht gelten. Die neue „Bundesanstalt" kann also anordnen, sogar Geld, das auf Zwangsbeiträgen von Arbeitnehmern für die gesetzlichen Versicherungen beruht, zur Sanierung einer Bank heranzuziehen. Im schlimmsten Fall kann das zu Beitragserhöhungen führen, so dass die Masse der Steuerzahler zwar nicht als Steuerzahler, wohl aber als Versicherte in der gesetzlichen Renten- und Krankenversicherung zur Bankenrettung herangezogen wird.

- Nicht ausgenommen aus der Definition „berücksichtigungsfähige Verbindlichkeiten" sind auch **Notar- und Rechtsanwaltsanderkonten**. Sind solche gerade bei einem „systemrelevanten" Institut eingerichtet, das „saniert" werden soll, können die Notare und Rechtsanwälte die Verpflichtungen gegenüber ihren Mandanten, deren Geld sie treuhänderisch verwahren, nicht mehr erfüllen. Es ist durchaus denkbar, dass sie dann von den Mandanten schon dafür haftbar gemacht werden, dass sie überhaupt bei einem „systemrelevanten" Institut die Konten eingerichtet haben, statt andere Wege zu suchen (dazu siehe unten).

- Auch Konten, welche **Insolvenzverwalter** für die Insolvenzmasse bei einer Bank führen sind nicht ausgenommen, die Fortführung der Insolvenzverwaltung wird dadurch in der Regel unmöglich werden.
- Ausgenommen aus den „berücksichtigungsfähigen Verbindlichkeiten" sind, soweit erkennbar, auch nicht gesetzliche Versorgungswerke wie die **Ärzteversorgung** oder die **Anwaltsversicherung**. Auch diese können ebenso wie Lebensversicherungen schwer geschädigt werden mit der Folge, dass den Schaden auch die Versicherten selbst zu tragen haben.

Es zeigt sich also, dass die für alle Euro-Staaten für den Fall von möglichen Bankinsolvenzen erfundene „Haftungskaskade" wie eine dunkle Wolke über den Volkswirtschaften eben dieser Staaten schwebt. Sie hat lediglich zur Folge, dass sich die Probleme vom Bankensektor in die Realwirtschaft verlagern und dort unabsehbare Verheerungen in der Wirtschaft und den Arbeitsmärkten anrichten können. Es wäre viel besser, es bliebe dabei, dass der Staat von Fall zu Fall entscheidet (verpflichtet ist er zu nichts), ob er eine Bank „retten" will oder nicht, auch wenn dies zu Lasten des Steuerzahlers geschieht. Die Staaten und die Steuerzahler haben einen „breiteren Rücken“ und können die Belastungen, die hier entstehen, weit besser tragen als Gläubiger „berücksichtigungs fähiger Verbindlichkeiten“. Das Gesetz ist nicht zu Ende gedacht und lässt auf fehlende Kompetenz seiner Verfasser schließen, falls nicht schlimmere Sozialisierungsabsichten sich dahinter verbergen.

10

Banker müsste man sein

Die politische Kernaussage des SAG besteht darin, dass „systemrelevante Banken“ nicht mehr insolvent werden dürfen. Für Bankvorstände ist das wunderbar: Der Gewinn und überwiegend auch die extrem hohen Bezüge werden eingeheimst, für die Schulden haften die eigenen Kunden, Pleite gibt es nicht. Ein Nachteil besteht allerdings in der oben beschriebenen, von einer Sozialisierung nicht weit entfernten bürokratischen Belastung. Ein wesentlicher Teil der Bankleitung geht zwangsläufig auf die Beamten der Abwicklungsanstalt über, und zwar permanent, unabhängig davon, ob es der Bank gut oder schlecht geht. Das ist für die Vorstände sicherlich weniger angenehm. Die Tatsache aber, dass ein Banker wie Herbert Walter in der Leitung der Anstalt tätig sein wird, spricht dafür, dass die Großbanken das Gesetz begrüßen. Widerstand oder auch nur eine offene Diskussion des Für und Wider ist jedenfalls in der Öffentlichkeit nicht zu sehen. Die Realwirtschaft

(Verbände, Großunternehmen, Mittelstandsvereinigungen) sind anscheinend nicht einmal gehört worden. Es besteht der Verdacht, dass die hier behandelten Probleme nicht einmal erkannt worden sind, weil in der Gesetzesbegründung davon nicht die Rede ist (!) Da die gesamte Eurokrise einschließlich des Falles Griechenland durch Banken ausgelöst worden ist und sie von den „Rettungsschirmen“ der EU allein profitieren, wird man auch von einem **Sieg der Hochfinanz** sprechen können. Diese treibt die Regierungen in ganz Europa vor sich her. Die Macht der Banken übersteigt die Macht der Regierungen, nachdem diese ihnen das Etikett „systemrelevant“ verliehen haben und dadurch erpressbar geworden sind. Das wäre nicht so, wenn die Banken das Risiko einer Insolvenz weiterhin zu tragen hätten und jedes Mal offen bliebe, ob eine Regierung aus freiem Entschluss Rettungsmaßnahmen zu Lasten des Steuerzahlers ergreift oder nicht, wie es in den oben beschriebenen Fällen in Deutschland geschehen ist.

11

Wo bleibt die Aufklärung der Kunden?

Die Heimlichkeit, mit welcher dieses Gesetz im Bundestag ohne Diskussion durchgewunken wurde, spricht für ein Interesse des Bundes, den Inhalt dieses Gesetzes vor allem den Bankkunden möglichst nicht bekannt oder bewusst werden zu lassen. Auch die **Presse** ist ihrer Informationspflicht gegenüber ihren Lesern in diesem Punkt lange nicht nachgekommen, das Publikum blieb uninformiert: Zwar keine „Lügenpresse“, wohl aber eine bewusst oder unbewusst im Kielwasser der Regierung segelnde „Schweigepresse“. Da es indessen für jeden Kunden entscheidend wichtig sein kann, ob bei seiner Bank für ihn unterhaltene Guthaben „berücksichtigungsfähige Verbindlichkeiten“ der Bank sind und er damit für deren Schulden haftet, besteht ein unverzichtbares **Aufklärungsbedürfnis**. Es ist in dem Gesetz aber nicht einmal vorgesehen, dass die Banken ihre Kunden über dieses Risiko aufzuklären haben. Es dürfte aber eine Rechtspflicht hierzu gleichwohl bestehen, weil sich diese aus dem Vertragsverhältnis als solche ergibt. „Berücksichtigungsfähige Forderungen“ des Kunden unterliegen seit 01.01.2015 ähnlich wie die sonst von den Banken vergebenen Zertifikate und Derivate dem Risiko des **Totalverlustes**, sie werden zur **Wette**. Über solche Risiken ist immer aufzuklären, die Kunden können von sich aus den Zustand der Bank nicht beurteilen, nur diese und die dahinter stehende Bundesanstalt haben den Wissensvorsprung. Es kann nicht sein, dass bei einem so empfindlichen Beziehungsgeflecht, wie es eine Bankverbindung ist oder sein kann, eine Seite wesentliche Risiken verschweigt, an deren Kenntnis die andere ein lebenswichtiges Interesse hat. Es muss deshalb verlangt werden, dass die Banken alle ihre gegenwärtigen und künftigen Kunden über diese Rechtslage informieren. Anderenfalls kommen Schadensersatzansprüche gegen die Bank bzw. deren Mitarbeiter in Betracht. Die Risiken sind auch realistisch, sonst gäbe es nicht ein derartig aufwendiges Gesetz mit einer neuen großen Behörde, die Deutschland selbst in Wirtschaftswunderzeiten nicht gebraucht hat(!)

12

Haftungsbeschränkungen für Beamte

Das SAG sieht ausdrücklich vor, dass Beamte und Angestellte, deren Behörden Aufgaben nach diesem Gesetz wahrzunehmen haben, einen Schaden, den sie in diesem Zusammenhang verursacht haben, nur dann zu ersetzen haben, wenn sie die ihnen obliegenden Pflichten **vorsätzlich** verletzt haben. Selbst grob fahrlässige Pflichtverletzung schadet ihnen nicht. Das betrifft zwar nur das Innenverhältnis zwischen dem Staat und den Beamten und nicht die Haftung des Staates aus Art. 34 des Grundgesetzes, die besteht, wenn ein Beamter in Ausübung seiner Verpflichtungen einen Dritten schädigt. Gleichwohl kann eine solche Haftungsbeschränkung für Bankkunden alles andere als Vertrauen schaffen. Die Beamten und Angestellten gehen kein Risiko ein und können „drauflos“ handeln.

13

Entmachtung der Börse

Vielfach wird es sich bei den betroffenen Unternehmen um solche handeln, deren Aktien an der Börse gehandelt werden. Bisher standen Bankaktien rechtlich allen anderen Aktien gleich: Sie unterlagen dem allgemeinen Gesellschaftsrecht. Das wird durch das SAG fundamental geändert. Es sieht vor, dass Wertpapiere, die etwa durch Umwandlung von „berücksichtigungsfähigen Verbindlichkeiten" in Aktien des Kreditinstituts entstanden sind, **automatisch an der Börse zugelassen** sind, wenn die Altaktien dort ebenfalls gehandelt werden. Der Börsenvorstand hat nicht mitzureden. Dabei wird man als Anleger aber in Betracht zu ziehen haben, dass der Wert solcher Aktien, die im Zusammenhang mit einer Abwicklung emittiert worden sind, fragwürdig ist. Nach Aktienrecht können Forderungen von Gläubigern einer Aktiengesellschaft nur dann in Aktien dieser Gesellschaft umgewandelt werden, wenn sie **vollwertig** sind, d. h. die Aktiengesellschaft im Zweifel in der Lage wäre, diese Forderungen auch zu bezahlen. Das wird man bei einem in Abwicklung befindlichen Kreditinstitut aber kaum behaupten können. Insofern besteht die Gefahr, dass mehr oder weniger wertlose Aktien plötzlich im Börsenhandel zugelassen sind. Auf diese Weise werden automatisch **Bankaktien zu Aktien zweiter Klasse**, weil für sie grundlegende Bestimmungen, die für alle anderen börsennotierten Aktiengesellschaften gelten, nicht mehr zutreffen. Insbesondere sind große Teile des Aktienrechts, wie beschrieben, außer Kraft gesetzt. Das gilt auch für das Stimmrecht der Aktionäre. Man kann sich nicht vorstellen, dass eine solche Entwicklung in irgendeiner Weise den Interessen des deutschen Bankgewerbes dienen kann, das doch angeblich durch das neue Gesetz „gerettet“ werden soll.

14

Abwicklung und Insolvenz

Wenn es so weit kommt, dass ein Kreditinstitut „berücksichtigungsfähige Verbindlichkeiten“ auf Anordnung der Anstalt nicht mehr erfüllt, liegt nach deutschem Insolvenzrecht Zahlungsunfähigkeit vor. Der Vorstand müsste Insolvenzantrag stellen. Dem beugt das SAG insofern vor, als es vorschreibt, dass ein Insolvenzverfahren die Anwendung eines Abwicklungsinstruments und die Ausübung von Abwicklungsbefugnissen nach diesem Gesetz unberührt lässt. Das Gesetz verdrängt also auch ein Insolvenzverfahren, wenn es bereits beantragt oder eingeleitet ist.

15

Wie kann man sich retten?

Dieses Buch ist kein fachjuristischer Kommentar zu dem neuen Gesetz, der wegen der unglaublich komplizierten Vorschriften nur als ein sehr dickes Buch vorstellbar wäre. Dieses Buch wurde geschrieben, um das Publikum zu informieren und auf diese Weise nachzuholen, was sowohl die Bundesregierung, die Politiker im Allgemeinen und die Presse versäumt haben. Das anscheinend bei der Regierung vorhandene Interesse, das Gesetz möglichst wenig bekannt zu machen, damit die Betroffenen keine Gegenmaßnahmen ergreifen, muss durchbrochen werden. Nachstehend können daher nur einige denkbare **Möglichkeiten** aufgezeigt werden, wie sich Bankkunden und Bankaktionäre ihrem Risiko eventuell entziehen können:

1. Man könnte vermeiden, überhaupt größere Bankguthaben, welcher Art auch immer, zu unterhalten. Ist das Guthaben zur längerfristigen Anlage geeignet, wären keine Festgeldvereinbarungen mehr zu schließen sondern

z. B. Wertpapiere zu kaufen. Selbst eine zinslose Bundesanleihe (die es neuerdings schon gibt) ist sicherer als ein Kontoguthaben, weil sie als Wertpapier von dem Gesetz nicht betroffen ist.

2. „Systemrelevanz" einer Bank ist schon ein Risiko für ihre Kunden. Man könnte deshalb Geschäftsverbindungen mit größeren Banken, die „systemrelevant" sind, meiden und stattdessen mit kleineren Banken zusammenarbeiten. Das wird vielen mittelständischen Unternehmen möglich sein, für Großunternehmen ist diese Ausweichmöglichkeit aber wegen der Dimensionen kaum gegeben.

3. Ein Ausweichen aus Deutschland ist allenfalls in solche Länder möglich, die nicht den Euro eingeführt haben, da die „Haftungskaskade" in allen Euro-Staaten eingeführt wird. Die hier für Deutschland beschriebenen Folgen sind auch dort zu erwarten. Gibt es mehrere Abwicklungen, z.B. in Italien (wo zahlreiche Banken gefährdet zu sein scheinen), wird dort die Realwirtschaft wegen des Verlustes ihrer Liquidität und ihres Vermögens buchstäblich zugrunde gerichtet.

4. Ob die **Landesbanken** in Deutschland von dem Gesetz betroffen werden ist bisher unklar, sie sind jedenfalls nicht ausdrücklich ausgenommen. Diese Frage müsste noch geklärt werden.
5. Ein ganz „sicherer Hafen“ ist letztlich nur die **Deutsche Bundesbank**, die über ihre Filialen (früher „Landeszentralbanken“) nach dem Bundesbankgesetz auch Geschäfte mit Privatkunden und Unternehmen tätigen kann. Sie ist von dem neuen Gesetz nicht betroffen. Forderungen gegen die Deutsche Bundesbank sind sicher.
6. Ob Anleger noch **Bankaktien** als Anlagevermögen ansehen, müssen sie nach dem oben Geschriebenen selbst entscheiden, was vermutlich nicht schwer ist.

Sollten die durch das SAG potentiell betroffenen Bankkunden, insbesondere große Wirtschaftsunternehmen, ihre Kontoverbindungen mit systemrelevanten Banken abbrechen, damit ihre aus Umsätzen oder Versicherungsbeiträgen stammenden Kontoguthaben nicht plötzlich auf Null gestellt werden und ihre Liquidität gesichert bleibt, bedeutet dies eine schwere Beeinträchtigung dieser Banken: Sie verlieren ihre wichtigsten Kunden, womit das Gesetz genau das Gegenteil seines angeblichen Ziels erreichen würde. Und zwar gerade auch dann, wenn es gar nicht zu Abwicklungsfällen kommt!

16

Zusammenfassung

Das hier vorgestellte SAG stellt massive auf ein EU-Diktat zurückgehende Eingriffe in die deutsche Rechtsordnung dar. Wesentliche Teile des bürgerlichen und Handelsrechts werden außer Kraft gesetzt.

- Zumindest alle größeren Banken werden einer der Sozialisierung nahe kommenden dauerhaften Staatsregie unterstellt, auch wenn keine Insolvenz droht.
- Bankaktien werden an der Börse zu Aktien zweiter Klasse, weil sie von einer Behörde „heruntergeschrieben" werden können. Banken verlieren ihre Handlungsfreiheit. Wesentliche Teile des Aktienrechts gelten im Gegensatz zu allen anderen börsennotierten Gesellschaften für die Banken nicht mehr. Aus der Umwandlung von Verbindlichkeiten entstandene Aktien sind im Wert zweifelhaft.
- Vor allem größere Bankguthaben vieler Kunden werden als „berücksichtigungsfähige

Verbindlichkeiten" der Bank entgegen allen bisher geltenden Regeln zu **Reservehaftkapital** der Bank. Es droht unter Umständen Totalverlust wie bei Zertifikaten und Derivaten. Eine Bundesbehörde zwingt die Banken zum Vertragsbruch.

- Das Gesetz kann seine Ziele nicht erreichen. Im Abwicklungsfall sind zahlreiche Insolvenzen der Bankkunden mit schwerwiegenden Rückwirkungen auf die deutsche Wirtschaft und entsprechenden Arbeitsplatzverlusten zu erwarten.
- Wenn Kunden aus diesem Gesetz logische Konsequenzen ziehen, haben gerade die zu schützenden Banken den Schaden, weil sie ihre Kunden verlieren.
- Das Gesetz stellt im Ergebnis einen fundamentalen Angriff auf die deutsche Realwirtschaft dar. Daraus können sich katastrophale Folgen ergeben. Das Gesetz ist unverantwortlich.

17

Appell an den Gesetzgeber

Wenn der Gesetzgeber vermeiden will, dass die in diesem Buch beschriebenen Risiken und Zustände eintreten, bleibt ihm nichts anderes übrig als zu erkennen, dass die Figur der „Haftungskaskade" ein nicht zu Ende gedachter Irrweg ist. Die Probleme können nur dadurch gelöst werden, dass dieses Gesetz aufgehoben oder jedenfalls auf Aufsichtsmaßnahmen, die aber auch schon nach dem Kreditwesengesetz möglich sind und dort ergänzend geregelt werden können, beschränkt wird. An Europa-Weisungen darf sich der Gesetzgeber schon deshalb nicht gebunden fühlen, weil das Gesetz in mehreren Punkten offensichtlich verfassungswidrig ist. Es missachtet in bisher nie dagewesener Weise grundlegende rechtsstaatliche Prinzipien.

In Italien ist diese Gesetzgebung besonders umstritten. Der Präsident der Bankenvereinigung ABI, Atonio Patuelli, hat bereits die Abschaffung der Gläubigerbeteiligung gefordert. Er sieht mit dem Verfahren das Vertrauen der

Sparer in das Bankensystem unterminiert (FAZ vom 5.4.2019).

Weil aber Politiker sehr selten ihre Fehler zugeben, bleibt der Titel dieses Buches: „Rette sich wer kann“ und – mit Kant, sich des eigenen Verstandes zu bedienen.